Einfach

Mal

Mit

Kräutern

Kochen

Herstellung und Verlag: BoD – Books on Demand,

Norderstedt

ISBN: 9783759704658

Vorwort

Ich möchte euch in diesem kleinen, aber feinen Kochbuch zeigen, dass man auch mit Kräutern ein leckeres Essen zaubern kann. Meiner Meinung nach kommen Kräuter in der heutigen Zeit zu kurz und viele Gerichte schmecken immer gleich. Mit diesen Rezepten erlebt ihr eine neue Welt des Geschmacks und werdet nicht nur eurem Gaumen, sondern auch eurem Körper etwas Gutes tun. Kräuter sind nicht nur lecker, sie haben auch eine heilende Wirkung. Jedes Kraut, das ich euch hier vorstellen werde, kann man auch roh zu sich nehmen - von der Hand in den Mund. Ich esse fast täglich frische, naturbelassene Kräuter, die mir merkbar Energie geben. So fühle ich mich nicht nur deutlich wohler, es kommt auch meiner Gesundheit zugute. Deshalb sollte es jeder mal probieren und schauen, ob er ebenfalls eine positive Veränderung spürt. Dies wird aber vermutlich ein paar Wochen dauern, da Kräuter nicht direkt nach dem ersten Verzehr wirken.

Außer den Kräutern, die ich euch hier vorstelle, gibt es noch viele weitere, die man essen kann. Ich möchte euch aber nur die Pflanzen vorstellen, die ich kenne und selbst verzehre. Ganz wichtig ist natürlich, dass ihr nur Kräuter esst, die ihr zu 100% kennt. Zum Glück gibt es verschiedene Pflanzen-Apps und Bücher, mit denen man wunderbar Wildkräuter bestimmen kann.

Jetzt wünsche ich euch erstmal viel Spaß beim Lesen, Nachkochen und Genießen!

Inhalt

Bärlauch

Pesto: 150 g Bärlauchblätter 70ml Olivenöl 1 Teelöffel Salz

Alles in einen Messbecher geben und mit dem Stabmixer pürieren bis es eine homogene Masse ist. Dann alles in ein sauberes kleines Glas füllen. Zuletzt noch eine Schicht Öl draufgeben. Das Pesto hält sich mehrere Wochen im Kühlschrank und passt sehr gut zu Nudeln, Brot, Salat oder Fleisch.

Nudeln: 300g Mehl 3 Eier (L) 3 Esslöffel Bärlauch getrocknet

Alles in eine Schüssel geben, zu einem glatten Teig verrühren und dann 45 Minuten abgedeckt an einem kühlen Ort ruhen lassen. Gegebenenfalls etwas Wasser oder Mehl dazugeben. Nach dem Ruhen den Teig durch eine Nudelmaschine lassen bis zur gewünschten Höhe und in 2cm breite Streifen schneiden.

Suppe: 250g Bärlauch, 750g Kartoffeln, 2 Karotten, 1 Lauch, 2 Zwiebeln, ¼ Sellerie, 1,5 Liter Gemüsebrühe, Saft einer 0,5 Zitrone, 1 Becher Crème fraîche, 2 Lorbeerblätter, Salz, Pfeffer, Muskat

Kartoffeln, Sellerie, Karotten Zwiebeln schälen und in mundgerechte Stücke schneiden, Bärlauch und Lauch in feine Streifen. Kartoffeln komplett kochen und vom restlichen Gemüse nur die Hälfte verwenden und mitkochen für ca. 20 Minuten. Lorbeerblätter rausnehmen und alles pürieren. Jetzt die andere Hälfte vom Gemüse dazugeben mit Zitronensaft, Crème fraîche und Gewürzen abschmecken und für 10 Minuten köcheln lassen.

Butter: 250g Butter (Zimmertemperatur) 100g Bärlauch, etwas Salz und Pfeffer

Bärlauch waschen, klein hacken und mit der Butter, Salz, Pfeffer mit einer Gabel vermengen.

Wirkung/Inhaltsstoffe: Verdauungsstörungen, Erkältung, Bronchitis, Cholesterin, Bluthochdruck, desinfizierend, Eisen, Magnesium, Mangan, Ajoen, Senfglykoside, Dithiine, Alliin, Allicin

Brennnessel

Pesto: 100g Brennnesseln, 100ml Olivenöl, 50g Pinienkerne, ½ Zitrone, den Saft davon, 2 Zehen Knoblauch, Salz, Pfeffer

Knoblauch schälen und Zitrone auspressen. Alles in einen Messbecher geben und mit dem Stabmixer pürieren bis es eine homogene Masse ist und dann in ein sauberes kleines Glas geben. Das Pesto hält sich mehrere Wochen im Kühlschrank. Oben noch eine Schicht Öl draufgeben nachdem das Pesto in saubere Gläser gefüllt wurde.

Suppe: 500g Brenneselspitzen, 200ml Sahne, 1 Liter Wasser, 1 Suppenwürfel, Salz, Pfeffer, Muskat, etwas Mehl zum Binden

Brennnessel waschen und in 1 Liter Wasser kochen für 10 Minuten. Wasser abgießen und 350 ml auffangen für den Geschmack. Brennnessel in den 350 ml Wasser und Sahne nochmal 5 Minuten köcheln und dann pürieren. Mit Suppenwürfel, Salz, Pfeffer und Muskat abschmecken und etwas Mehl andicken. Mehl am Besten in kaltem Wasser auflösen, um Klumpen zu vermeiden.

Nudeln: 300g Mehl 3 Eier (L) 3 Esslöffel Brennnessel getrocknet

Alles in eine Schüssel geben, zu einem glatten Teig verrühren und dann 45 Minuten abgedeckt an einem kühlen Ort ruhen lassen. Gegebenenfalls etwas Wasser oder Mehl dazugeben.

Nach dem Ruhen den Teig durch eine Nudelmaschine lassen bis zur gewünschten Höhe und in 2cm breite Streifen schneiden.

Tee: 2 Teelöffel Brennnessel 250ml Wasser

Wasser aufkochen und über die Brennnessel gießen. 10 Minuten ziehen lassen.

Brennnessel-Samen weiblich: Einfach mit in einen Salat eurer Wahl geben, in einen Smoothie oder in ein Müsli.

Wirkung/Inhaltsstoffe: Vitamin A, C, E, B, Aminosäuren, Kalium, Eiweiß, Kalzium, Chlorophyll, ist gut bei Müdigkeit, Gicht, Hautkrankheiten, Haarausfall, Gelenkbeschwerden, Stoffwechselstörung uvm. Es ist eine super Pflanze, die jeder in seinem Ernährungsplan mit einbauen sollte.

Basilikum

Pesto: 100g Basilikum, 30g Pinienkerne, 35g Parmesan, Olivenöl, Salz, Pfeffer

Pinienkerne in einer Pfanne ohne Öl leicht anbraten. Knoblauch schälen und grob hacken. Basilikum, Pinienkerne, Käse und etwas Öl in einen Messbecher geben und mit dem Stabmixer pürieren. Etwas Salz und Pfeffer dazugeben und in ein sauberes Glas füllen. Oben noch eine Schicht Öl draufgeben nachdem das Pesto in saubere Gläser gefüllt wurde.

Öl: 100g Basilikum, Olivenöl, Salz, sauberes Glas mit Deckel

Basilikum waschen, trocknen und in feine Streifen schneiden. Basilikum in das saubere Glas füllen und komplett mit Öl bedecken und einen Teelöffel Salz dazugeben. Das Öl ist mehrere Wochen im Kühlschrank haltbar und immer mit einem sauberen Löffel Öl abschöpfen.

Suppe: 1kg Tomaten, 25g Basilikum frisch,25g Butter, 250ml Gemüsebrühe, 1 Zwiebel, 1 Knoblauchzehe, Salz, Pfeffer, Muskat, Zucker

Die Tomaten waschen, vierteln, den Strunk entfernen und in der Brühe 15 Minuten ohne Deckel köcheln lassen. Zwiebel und Knoblauch schälen, in feine Würfel schneiden und in der Butter anbraten. Suppe pürieren und durch ein feines Sieb lassen, um die Kerne zu entfernen. Dann Basilikum in dünne Streifen schneiden und mit der Zwiebel und Knoblauch in die Suppe geben und nochmal 10 Minuten köcheln lassen. Mit Salz, Pfeffer, Muskat und Zucker abschmecken.

Wirkung/Inhaltsstoffe: Flavonoide, Beta Carotin, sorgt für gesunde Haut, Antioxidant, Eisen, Vitamin A, Eugenol schmerzlindernd, Blätter kauen wirkt schleimlösend, gut für die Verdauung, krampflösend, hilft gegen Stress und Depressionen und vieles mehr.

Bohnenkraut

Tee: 1 Esslöffel Bohnenkraut getrocknet, 250ml Wasser

Heiß übergießen und 10 Minuten abgedeckt ziehen lassen.

Suppe: 500g Suppenfleisch, 125g Speck, 800ml Wasser,500g Kartoffeln, 2 Zwiebeln,2 Esslöffel Mehl, 40g Butter, 2 Zweige Bohnenkraut, Salz, Pfeffer

Fleisch und Speck in mundgerechte Würfel schneiden, Bohnen den Stiel abschneiden, Kartoffel schälen und würfeln, Zwiebel schälen und in grobe Würfel schneiden. Fleisch in einer Pfanne mit Butter leicht anbraten und kurz vor dem Ende die Zwiebeln kurz mit anbraten. Kartoffeln, Fleisch, Zwiebeln, Bohnenkraut in einen Topf geben, mit Wasser übergießen und 1,5 Stunden köcheln lassen. Speck in einer Pfanne knusprig anbraten und beiseitelegen. Butter und Mehl in einer Pfanne anbraten und mit etwas Brühe ablöschen und dann in den Topf geben. Speck dazu und mit Salz und Pfeffer abschmecken.

Ich verwende es sehr oft als Petersilienersatz bei Fleischgerichten, es passt aber auch sehr gut zu Ei, Salat und Suppen.

Wirkung/Inhaltsstoffe: Hilft gegen das Mittagstief oder Insektenstich, entzündungshemmend, verdauungsfördernde magenberuhigende Wirkung, hilft gegen Blähungen, durchblutungsfördernd, krampflösend, schleimlösende, hautreinigend als Umschlag, Gerbstoffe, Bitterstoffe, Triterpene, Phytosterine, ätherische Öle uvm.

Borretsch

Pesto: 100g Borretschbläter, 30g Pinienkerne, 50g Hartkäse, 3 Knoblauchzehen, 120ml Olivenöl, Salz, Pfeffer

Borretsch waschen und trocknen. Pinienkerne in einer Pfanne ohne Öl leicht anbraten. Alle Zutaten in einen Messbecher geben und mit dem Stabmixer pürieren. Mit Salz und Pfeffer abschmecken und in ein sauberes Glas füllen und im Kühlschrank lagern. Oben noch eine Schicht Öl draufgeben nachdem das Pesto in saubere Gläser gefüllt wurde.

Öl: 100g Borretsch, Olivenöl, Salz, sauberes Glas mit Deckel

Borretsch waschen, trocknen und in feine Streifen schneiden. Borretsch in das saubere Glas füllen und komplett mit Öl bedecken und einen Teelöffel Salz dazugeben. Das Öl ist mehrere Wochen im Kühlschrank haltbar und immer mit einem sauberen Löffel Öl abschöpfen.

Sirup: 100g Borretsch, 1 Liter Wasser, 1kg Zucker, 1 Zitrone den Saft

Borretsch in 1 Liter Wasser 30 Minuten köcheln und dann für 24 Stunden ziehen lassen. Borretsch durch ein feines Sieb lassen und ggf. kann man ihn noch ausdrücken. Dann Zucker und den Zitronensaft dazugeben und nochmal 5 Minuten köcheln lassen. Heiß in saubere Flaschen füllen und verschließen.

Tee: 500g Borretsch trocknen lassen und als Tee genießen

Wirkung/Inhaltsstoffe: Mineralstoffe, Kalium, ätherische Öle, Schleimstoffe, Gerbstoffe, Kieselsäure, Saponin, wirkt blutreinigend, hilft gegen Rheuma, wirkt abführend und harntreibend, bei Zahnschmerzen Borretsch kauen, uvm.

Aber bitte nur in geringen Mengen einnehmen.

Dill

Dillkartoffeln: 1kg Kartoffeln, ¼ Liter Gemüsebrühe,200ml Sahne, 2 Bund Dill, 1 EL Kartoffelmehl, 1 TL Zitronensaft, etwas Salz und Pfeffer

Kartoffeln schälen und in dünne Scheiben schneiden. Kartoffeln in der Brühe und Sahne 15 Minuten kochen. Kartoffelmehl in etwas Wasser anrühren und dazugeben. Mit Zitronensaft, Salz, Pfeffer abschmecken. Dill klein hacken und dazugeben.

Dill-Honig Soße: 100ml Honig, 50ml Öl, 50g Senf, 1Bund Dill, 1 Meerrettich, Salz, Pfeffer

Meerrettich schälen und fein reiben, Dill waschen und klein hacken. Senf, Öl und Honig in eine Schüssel geben und verrühren. Dill, Meerrettich dazugeben und mit Salz und Pfeffer abschmecken.

Salat: 1 Bund Dill, 300g Gurke, 2 Esslöffel Öl, 2 Esslöffel Essig, etwas Salz, Pfeffer, Zucker

Dill waschen und fein hacken. Gurke waschen und in dünne Streifen schneiden. Essig, Öl über die Gurken geben und mit Salz und Pfeffer abschmecken und dann den Dill dazugeben.

Butter: 250g Butter, 1 Bund Dill, Saft einer Zitrone, 1 Messerspitze Salz, Pfeffer, Muskat

Butter auf Zimmertemperatur bringen. Zitrone auspressen, Dill waschen und klein hacken. Butter, Dill, Zitronensaft und Gewürze mit einer Gabel zerdrücken.

Dressing: 1 Teelöffel Senf, 3 Esslöffel Öl, 1 Esslöffel Balsamico dunkel, Saft 0,5 Zitrone, 1 Esslöffel Dill getrocknet, 1 Teelöffel Honig, etwas Kräutersalz, Pfeffer, 1 Schuss Wasser

Zitrone auspressen und alle Zutaten in eine Schüssel geben und verrühren.

Wirkung/Inhaltsstoffe: Vitamine, Eisen, Kalzium, Flavonoide, Phosphor wirkt krampflösend, gegen Blähungen, Appetit anregend, entzündungshemmend, Blutzucker senkend uvm.

Echte Kamille

Tee: 1 Esslöffel Kamille, 500ml Wasser, etwas Honig

Kamille in einen Teebeutel geben und mit heißem Wasser übergießen und 10 Minuten ziehen lassen, dann den Honig dazugeben.

Eistee: 1Liter Wasser, 60g Kamille, Saft einer Zitrone, 100g Himbeeren, frische Minze paar Blätter, Zucker nach Geschmack

Wasser und Kamille für 15 Minuten simmern und über Nacht abkühlen lassen. Kamille abseihen und Zitronensaft, Minze, Beeren und Zucker dazugeben. Am besten eiskalt genießen.

Sirup: 50g getrocknete Kamille, 1 Liter Wasser, 1 kg Zucker, Saft einer Zitrone

Kamille in 1 Liter Wasser für 30 Minuten simmern und über Nacht durchziehen lassen. Kamille abseihen und Zucker, Zitronensaft dazugeben und 5 Minuten köcheln lassen, dann heiß in Flaschen füllen.

Pfannenkuchen: 300g Mehl, 300ml Milch, 200ml Wasser, 4 Eier, 25g Kamille getrocknet und gemahlen

Alle Zutaten in eine Schüssel geben und verrühren. Dann in Butter ausbraten und mit Kamillensirup servieren.

Wirkung/Inhaltsstoffe: hilft gegen Hautkrankheiten aller Art wie Herpes, Akne, Menstruationsprobleme, Magenkrämpfe, Gastritis, Erbrechen, Blähungen, Hautpilz, Wundheilungsfördernd, beruhigend uvm. Cumarine, Ätherische Öle, Schleimstoffe Flavonoide,

Estragon

Pesto: 2 Bund Estragon, 100ml Olivenöl, 30g Pinienkerne,30g Parmesan, 2 Esslöffel Senf

Pinienkerne in einer Pfanne ohne Öl leicht anbraten. Alle Zutaten in einen Messbecher geben und mit dem Stabmixer pürieren. In ein sauberes Glas füllen und nochmal etwas Öl oben drauf, sodass alles mit Öl bedeckt ist.

Hähnchen: 2 Hähnchenbrustfilets, 1 Schalotte, 2 Knoblauchzehen, 4 Esslöffel Estragon frisch, 100ml Wermut, 150ml Hühnerbrühe, 200ml Sahne, 1 Esslöffel Butter, Salz, Pfeffer, Saft einer halben Zitrone

Knoblauch und Schalotte schälen und in feine Würfel schneiden, Estragon fein hacken. Fleisch in einer Pfanne mit etwas Öl anbraten. Butter in einem Topf zerlaufen lassen, die Hälfte vom Estragon dazugeben. Fleisch in eine Auflaufform geben und mit der Estragon-Butter übergießen und in Backofen für 15 Minuten bei 180 Grad backen. Schalotten und Knoblauch kurz anbraten und mit Wermut, Brühe und Sahne ablöschen, den restlichen Estragon dazugeben und 5 Minuten köcheln lassen. Mit Salz, Pfeffer und Zitronensaft abschmecken und das Hähnchen für 2 Minuten mit köcheln lassen.

Pilze: 1kg Pilze, 4 Stängel Estragon, 100g Butter, 200ml Sahne, 1 Knoblauchzehe, Salz und Pfeffer

Pilze vierteln und in Butter anbraten. Estragon klein hacken. Knoblauch schälen, durch eine Presse drücken und kurz mit anbraten. Mit Sahne ablöschen und den Estragon dazugeben und 5 Minuten köcheln lassen. Mit Salz und Pfeffer abschmecken.

Essig: 1Liter Essig, 100g Estragon

Estragon waschen und trocknen und in Flaschen geben. Essig aufkochen und über den Estragon heiß gießen.

Wirkung/Inhaltsstoffe: Bitterstoffe, Thujon, Ätherische Öle, Asparagin, Carvon, Estragol, Kalzium, Eisen, Jod, Zink, Vitamin A-C, verdauungsfördernd, verdauungsanregend, appetitanregend, entzündungshemmend, krampflösend, antibakterielle Wirkung, hilft bei Zahnschmerzen uvm.

Fenchel

Fenchel Möhren: 500g Karotten, 700g Fenchel, 30g Haferflocken, 30g Butter,

100ml Gemüsebrühe, 100ml Sahne, Salz und Pfeffer

Karotten und Fenchel waschen und in Scheiben schneiden. Haferflocken in Butter knusprig anbraten, Karotten und Fenchel dazugeben und kurz mit anbraten. Mit Sahne und Brühe ablöschen und mit Deckel 10 Minuten köcheln lassen.

Sirup: 2 Fenchel, 1 Liter Wasser, 1 Zitrone, 1kg Zucker

Fenchel und Zitrone waschen, in Scheiben schneiden und 30 Minuten in 1 Liter Wasser simmern lassen. Über Nacht durchziehen lassen, dann nochmal kurz aufkochen und abseihen. 1kg Zucker dazugeben und nochmal aufkochen. Heiß in saubere Flaschen füllen.

Honig: 500ml Honig, 50g Fenchelsamen

Honig und Fenchelsamen vermischen und in ein sauberes Glas füllen. An einen warmen Ort stellen und einmal täglich drehen. Nach 2 Wochen Honig durch ein feines Sieb lassen und wieder in ein sauberes Glas füllen.

Gebratener Fenchel: 2 Fenchel Knollen, 1 Teelöffel Butter, 2 Esslöffel Öl, Salz, Pfeffer, Zucker, etwas Zitronensaft

Fenchel halbieren, Strunk entfernen, Grün beiseite legen und in dünne Streifen schneiden. Fenchel in Öl scharf anbraten und mit Salz, Pfeffer und etwas Zucker würzen. Fenchelgrün und Zitronensaft dazugeben.

Salat: 2 Knollen Fenchel, 2 Äpfel, 150g Rucola, 50g Walnüsse, 2 Esslöffel Sauerkirschessig (oder anderer), 5 Esslöffel Kirschkernöl, 1 Teelöffel Fenchelsirup, Salz, Pfeffer **Dressing:** 3 Esslöffel Thymian-Salbei Würzöl, 2 Esslöffel Olivenöl, 2 Esslöffel Sauerkirschessig, Agavendicksaft, Salz, Pfeffer

Fenchel waschen, das Grün abschneiden und beiseitelegen. Fenchel halbieren und Stunk entfernen, dann nochmal halbieren und in feine Streifen schneiden. Äpfel waschen, entkernen und in feine Streifen schneiden. Rucola, Äpfel und Fenchel, Walnüsse miteinander vermengen. Dressing, alles in eine Schüssel geben, vermengen, mit Salz und Pfeffer abschmecken und über den Salat geben.

Suppe: 2 Fenche, 2 Schalotten, 4 Kartoffeln, 100ml Sahne, 700ml Gemüsebrühe, 5 Stiele Thymian, 1 Messerspitze Safran, 1 Lorbeerblatt, 100g Parmesan, 2 Esslöffel Olivenöl, Salz, Pfeffer, Muskat

Fenchel waschen, trocknen und das Grün beiseitelegen. Fenchel halbieren, Stunk entfernen und in mundgerechte Stücke schneiden. Kartoffeln und Schalotten schälen und in mundgerechte Stücke schneiden. Kartoffeln und Schalotten in Öl leicht anbraten. Lorbeerblatt kurz mit erhitzen und dann mit Brühe ablöschen. Thymian dazugeben und 20 Minuten köcheln lassen. Fenchel, Sahne dazugeben und nochmal 10 Minuten köcheln lassen. Thymian und Lorbeerblatt rausnehmen. Suppe pürieren und dann Parmesan und Safran dazugeben und nochmal 3 Minuten köcheln lassen. Mit Salz, Pfeffer und Muskat abschmecken.

Wirkung/Inhaltsstoffe: Stimmungsaufhellend, krampflösend, Halsschmerzen lindernd, gegen Blähungen, stärkt die Nerven und Verdauung, Kalium, Kalzium, Vitamin C, Magnesium, Bitterstoffe, Ätherische Öle Anethol uvm.

Gänseblümchen

Essig: 50g Gänseblümchen, 1 Liter Essig

Gänseblümchen waschen und trocknen. Gänseblümchen in Flaschen füllen. Essig aufkochen und heiß über die Gänseblümchen schütten und verschließen.

Butter: ca. 15g Gänseblümchen, etwas Estragon, 250g Butter, Salz Pfeffer, Koriander gemahlen

Gänseblümchen und Estragon waschen und trocknen. Beides fein hacken und mit der Butter vermengen. Etwas Salz, Pfeffer und Koriander dazugeben.

Gelee: 250g Gänseblümchen, 1 Liter Wasser, 1 Zitrone, Gelierzucker 1:1

Zitrone waschen und in Scheiben schneiden. Gänseblümchen und Zitrone in 1 Liter Wasser 30 Minuten simmern und 24 Stunden ziehen lassen. Alles abgießen, die Flüssigkeit auffangen und mit Gelierzucker aufkochen. Mit einem Löffel etwas auf einen Teller geben und schauen, ob die Konsistenz ok ist. Wenn nicht, noch etwas Gelierzucker dazugeben bis zur gewünschten Konsistenz und dann heiß in saubere Gläser füllen.

Salz: 1 Tasse Salz, 0,5 Tasse Gänseblümchen

Gänseblümchen und Salz vermengen und trocknen lassen und gelegentlichem durchrühren. Wenn die Gänseblümchen trocken sind, mit einem Mörser die Salzmischung zermahlen.

Quark: 1 Handvoll Gänseblümchen, 250g Quark, Salz, Pfeffer, Muskat

Gänseblümchen waschen, trocknen und klein hacken. Mit dem Quark vermischen und mit Salz, Pfeffer und Muskat abschmecken.

Wirkung/Inhaltsstoffe: Flavonoide, ätherische Öle, Gerbstoffe, Acetylcholin, Saponine, Schleimstoffe, die einen Film über die Schleimhaut legen, um zu heilen, Vitamin C, Bitterstoffe, entzündungshemmend, keimhemmend, Atemwegserkrankung, Insektenstiche, Wunden, Husten uvm.

Gundermann

Pesto: 1 Tasse Blüten, 4 Tassen Blätter, 0,5 Tasse Olivenöl, 1 Esslöffel Honig, etwas Salz und Chili

Blätter und Blüten waschen und trocknen lassen. Alles in einen Messbecher geben, mit dem Stabmixer pürieren und in saubere Gläser füllen. Oben noch eine Schicht Öl draufgeben, nachdem das Pesto in saubere Gläser gefüllt wurde.

Quark: 1 Handvoll Blüten, 1 Handvoll Blätter, 500g Quark, etwas Salz und Pfeffer

Blüten und Blätter waschen und trocknen lassen. Alles fein hacken und mit dem Quark vermengen. Mit Salz und Pfeffer abschmecken.

Passt sehr gut zu Kartoffeln oder einfach aufs Brot.

Salz: 1 Tasse Gundermann Blätter und Blüten, 1 Tasse Salz

Gundermann und Salz vermengen, trocknen lassen und gelegentlich durchrühren. Wenn der Gundermann trocken ist, mit einem Mörser die Salzmischung zermahlen.

Dudler: 15 Blatt Gundermann, 10 Blatt Giersch, 2 Stängel Minze, 1 Zitrone (Saft), 0,5 Liter Sprudel, 1 Liter Apfelsaft

Kräuter, Zitronensaft und Apfelsaft in einen Topf geben und pürieren. 6 Stunden durchziehen lassen und dann durch ein feines Sieb gießen. Mit Sprudel auffüllen und kalt genießen.

Limonade: 20 Blätter und Blüten Gundermann, 2 Zitronen, etwas Sirup, 1 Liter Wasser

Blätter und Blüten waschen, Zitrone waschen und in Scheiben schneiden mit 1 Liter Wasser übergießen und zugedeckt abkühlen lassen. Alles durch ein feines Sieb abseihen, mit etwas Sirup süßen und kalt genießen.

Sirup: 250g Blätter und Blüten, 1 Liter Wasser, 1 kg Zucker

Blätter und Blüten waschen. In einen Topf geben und in 1 Liter Wasser 30 Minuten simmern lassen (mit Deckel). 24 Stunden ziehen lassen und dann alles abseihen. Mit 1 kg Zucker aufkochen und heiß in saubere Flaschen füllen.

Wirkung/Inhaltsstoffe: hilft gegen Nierensteine/ Nierenerkrankung, Zahnfleischentzündung, Mundgeruch, schleimlösend, Pilz/Keim hemmend, antibakteriell, regt den Stoffwechsel an, Flavonoide, Alkaloide, Bitterstoffe, Gerbstoffe, ätherische Öle, Terpene Appetit anregend, Herz stärkend uvm.

Giersch

Butter: 1 Esslöffel Knoblauchpulver, 50g Giersch, 250g Butter, etwas Salz und Pfeffer

Giersch waschen, trocknen und fein hacken. Alle Zutaten miteinander vermengen.

Quark: 2 Handvoll Gierschblätter und Blüten, 250g Quark, etwas Salz und Muskat

Giersch waschen, trocknen und fein hacken. Mit dem Quark vermischen und mit Salz und Pfeffer abschmecken.

Sirup: 250g Blätter und Blüten, 1 Liter Wasser, 1 kg Zucker

Blätter und Blüten waschen. In ein einen Topf geben und in 1 Liter Wasser 15 Minuten simmern lassen (mit Deckel). 24 Stunden ziehen lassen und dann alles abseihen. Mit 1 kg Zucker aufkochen und heiß in saubere Flaschen füllen.

Giersch mit Kartoffeln und Ei: 500g Giersch, 500g Kartoffeln, 100ml Sahne, 4 Eier, 1 Zwiebel, Öl

Kartoffeln schälen, in kleine Würfel schneiden und in Salzwasser 15 Minuten kochen. Giersch waschen und fein hacken. Zwiebel schälen, fein würfeln und in etwas Öl anbraten. Giersch und Sahne dazugeben und 10 Minuten köcheln lassen, wer will, kann es auch pürieren. Eier in einer Pfanne mit Öl anbraten

Wirkung/Inhaltsstoffe: Vitamin C, Kalzium, ätherische Öle, Magnesium, Kupfer, Mangan, Clorophil, Flavonoide, Saponin, sekundäre Pflanzenstoffe, entzündungshemmen, harnsäurelösend Gicht Arthrose, entgiftend, entwässernd, beruhigend, verdauungsanregend, blutstillend uvm.

Huflattich

Sirup: 200g Blätter und Blüten, 1 Liter Wasser, 1 kg Zucker, 1 Zitrone

Blätter und Blüten waschen. Zitrone waschen und in dünne Scheiben schneiden. Zitrone und Huflattich in ein einen Topf geben und in 1 Liter Wasser 30 Minuten simmern lassen (mit Deckel). 24 Stunden ziehen lassen und dann alles abseihen. Mit 1 kg Zucker aufkochen und heiß in saubere Flaschen füllen.

Quark: 2 Handvoll Huflattichblätter und Blüten, 250g Quark, etwas Salz und Muskat

Huflattich waschen, trocknen und fein hacken. Mit dem Quark vermischen und mit Salz und Muskat abschmecken.

Limonade: 20 Blätter und Blüten Huflattich, 2 Zitronen, etwas Sirup, 1 Liter Wasser

Blätter und Blüten waschen, Zitrone waschen und in Scheiben schneiden mit 1 Liter kochendem Wasser übergießen und zugedeckt abkühlen lassen. Alles durch ein feines Sieb abseihen, mit etwas Sirup süßen und kalt genießen. Wer mag, kann noch etwas Sprudel dazugeben.

Tee: 1 Esslöffel auf 250ml Wasser und 15 Minuten abgedeckt ziehen lassen.

Wirkung/Inhaltsstoffe: ätherische Öle, Saponine, Inulin, Polysaccharide, Schleimstoffe, Zink, Xantophyll, Sterole, Gerbstoffe, Bitterstoffe, Flavonoide (Hyperosid; Quercitin; Campherol), Pyrrolizidinalkaloide (Senecionin; Senkirkin), grippale Infekte, Reizhusten, Bronchitis, Magenbeschwerden, Durchfall, Wundheilung, Pickel, Ekzeme

Knoblauchrauke

Pesto: 2 Handvoll Blätter und Blüten, 100g Walnüsse, 100g Parmesan, 2 Knoblauchzehen, Olivenöl nach Geschmack, 1 Teelöffel Salz

Knoblauchrauke waschen und trocknen. Walnüsse klein hacken, Knoblauch schälen und klein hacken. Alle Zutaten in einen Messbecher geben und mit einem Stabmixer püriere. Oben noch eine Schicht Öl draufgeben, nachdem das Pesto in saubere Gläser gefüllt wurde.

Vinaigrette: 2 Esslöffel Knoblauchrauke, 1 Esslöffel Giersch, 4 Esslöffel Apfelessig, 8 Esslöffel Olivenöl, 1 Teelöffels Senf, Salz und Pfeffer

Kräuter waschen, trocknen und fein hacken. Essig, Öl, Senf und Gewürze zu einer homogenen Masse verrühren. Kräuter dazugeben und nochmal leicht verrühren. Am besten 2 Stunden ziehen lassen.

Frischkäse: 2 Handvoll Knoblauchrauke, 1 Handvoll Giersch, 200g Frischkäse, 0,5 Teelöffel Salz und Pfeffer, etwas Muskat

Kräuter waschen, trocknen und fein hacken. Alles in eine Schüssel geben und verrühren. Passt sehr gut zu Kartoffeln oder zu Brot.

Salat: 1 Zwiebel Rot, 1 Kohlrabi, 4 Karotten, 1 Apfel, 1 Handvoll Knoblauchrauke, Apfelessig, Öl, Salz und Pfeffer

Karotten, Zwiebel und Kohlrabi schälen und in mundgerechte Stücke schneiden. Apfel waschen, vierteln, entkernen und in Streifen schneiden. Knoblauchrauke waschen und grob hacken. Alles in eine Schüssel geben und verrühren, mit Salz und Pfeffer abschmecken.

Öl: 100g Knoblauchrauke, 1 Liter Öl

Knoblauchrauke waschen, trocknen, grob hacken und in saubere Flaschen füllen. Öl kurz erhitzen lassen 60Grad ca. und heiß in die Flaschen füllen. Nach 4 Wochen abseihen und in saubere Flaschen füllen.

Salz: 2 Tassen Knoblauchrauke, 1 Tasse Salz

Knoblauchrauke waschen, trocknen tupfen und grob hacken. Mit dem Salz vermischen und trocknen lassen unter gelegentlichen rühren. Wenn es trocken ist mit einem Mörser klein mahlen.

Kartoffelsalat: 750g Kartoffeln, 1 Tasse Knoblauchrauke, 250ml Gemüsebrühe, 1 Zwiebel, 1 Esslöffel Balsamico Essig, 3 Esslöffel Öl, 1 Teelöffel Senf

Kartoffeln schälen, in dünne Scheiben schneiden und ca. 15 Minuten in Salzwasser kochen. Zwiebel schälen halbieren und in Streifen schneiden. Knoblauchrauke waschen, trocknen und fein hacken. Gemüsebrühe aufkochen und alles in eine große Schüssel geben, miteinander vermengen und 1-2 Stunden ziehen lassen.

Wirkung/Inhaltsstoffe: Senfölglykoside, ätherische Öle, Saponine, Carotinoide, Flavonoide, Vitamine A und C, Zahnfleischentzündung, Erkältung, wundheilend, Rheuma, Wurmbefall, Blutreinigend uvm.

Kümmel

Kartoffeln: 500g Kartoffeln, 2 Esslöffel Butter, Kümmel und Salz

Kartoffeln waschen und halbieren. Butter in einem Topf zerlaufen lassen. Backofen auf 180Grad Umluft vorheizen. Kartoffeln mit Butter bestreichen und 15 Minuten backen. Dann nochmal mit Butter bestreichen, Salz und Kümmel würzen und nochmal 15-20 Minuten backen.

Naan-Brot: 250g Mehl, 1 Päckchen Backpulver, 125ml Wasser, 30g Joghurt, 1 Teelöffel Salz, Butter, Kümmel

Mehl, Backpulver und 1 Teelöffel Salz durch ein feines Sieb sieben. Wasser und Joghurt dazugeben und zu einem glatten Teig verrühren. Sechs Kugeln formen und 1 Stunde ruhen lassen. Etwas Butter im Topf zerlaufen lassen und die Kugeln zu kleinen Fladen ausrollen. Kümmel in den Teig drücken und mit Butter bestreichen. Fladen für 1-2 Minuten in einer Pfanne von beiden Seiten ohne Öl anbraten.

Kümmelstange: 300g Dinkelmehl Type 630, 300g Weizenvollkornmehl, 300ml Malzbier, 2 Beutel Sauerteig, 2 Teelöffel Salz, 1 Teelöffel Zucker, 1 Päckchen Hefe, 3 Esslöffel Röstzwiebel, 5 Esslöffel Öl, 3 Teelöffel Kümmel

Mehl, Hefe, Salz, Zucker, Sauerteig, Zwiebeln und Bier miteinander vermengen und 2 Stunden gehen lassen. Teig nochmal von Hand durchkneten und in ca. 15 Portionen teilen und Stangen formen. Die Stangen nochmal 45 Minuten ruhen lassen. Backofen auf 200 Grad Umluft vorheizen. Die Stangen mit Öl bestreichen und mit Kümmel und Salz bestreuen und 25 Minuten backen.

Brot: 400g Roggenmehl Type 1150, 200g Weizenmehl Type 405, 10g Salz, 1 Päckchen Hefe, 500ml Buttermilch, 2 Esslöffel Kümmel

Mehl durch ein feines Sieb sieben und mit allen anderen Zutaten zu einem glatten Teig verrühren. 1 Stunde abgedeckt gehen lassen, dann nochmal durchkneten und 30 Minuten ruhen lassen. Backofen auf 190 Grad Umluft vorheizen. Wer mag, kann das Brot noch einritzen und mit etwas Wasser bestreichen. Brot für 50 Minuten backen und vor dem rausnehmen 10 Minuten im Ofen ruhen lassen.

Tee: 1 Esslöffel Kümmel in einen Teebeutel geben und mit 250ml Wasser übergießen und 15 Minuten ziehen lassen.

Wirkung/Inhaltsstoffe: ätherische Öle, Cumarine, Flavonoide, Harz, Gerbstoffe, Eiweiß, Vitamin C, Fettsäuren, Kalium, Eisen, Magnesium, keimtötend, appetitanregend/verdauungsanregend, Blähungen, Bauchkrämpfe, Völlegefühl uvm.

Kerbel

Pesto: 80g Kerbel, 20g Schnittlauch, 30g Pinienkerne, 100ml Öl, 1 Zitrone, 30g Parmesan, Salz, Pfeffer

Kerbel und Schnittlauch waschen, trocken und in einen Messbecher geben. Pinienkerne in einer Pfanne ohne Öl anrösten. Zitrone auspressen und alle Zutaten in einen Messbecher geben und mit einem Stabmixer pürieren. Mit Salz und Pfeffer abschmecken und in ein sauberes Glas füllen. Oben noch eine Schicht Öl draufgeben, nachdem das Pesto in saubere Gläser gefüllt wurde.

Suppe: 100g Kerbel, 1Stange Lauch, 4 Schalotten, 200ml Sahne, 100ml Weißwein (trocken), 50g Butter, 2 Kartoffeln, 550ml Gemüsebrühe, Salz, Muskat

Lauch in Ringe schneiden und waschen. Schalotten schälen und in feine Würfel schneiden und mit dem Lauch in Butter glasig anbraten. Mit Weißwein und Gemüsebrühe ablöschen. Kartoffeln schälen, fein reiben und mit in den Topf geben und alles 15 Minuten köcheln lassen. Kerbel waschen, fein hacken und mit der Sahne in den Topf geben und nochmal 10 Minuten köcheln lassen. Mit Salz und Muskat abschmecken. Wer möchte, kann die Suppe auch pürieren.

Kerbel Senf Eier: 2 Esslöffel Kerbel, 4 Eier, 1 Zwiebel, 20g Mehl, 20g Butter, 350ml Milch, 4 Esslöffel Senf, Salz, Pfeffer, Muskat

Eier hart kochen. Zwiebel schälen, in feine Würfel schneiden und in Butter glasig anbraten. Mehl dazugeben und kurz mit anbraten und dann mit Milch ablöschen. Eier dazugeben, 10 Minuten köcheln lassen, Senf und Kerbel dazugeben und mit Salz, Pfeffer und Muskat abschmecken.

Dip: 1 Avocado, 2 Esslöffel Kerbel, 1 Zitrone, 100g Feta, Pfeffer, Chili

Zitrone auspressen. Avocado halbieren und das Fruchtfleisch mit einem Löffel rauskratzen. Avocado, Zitrone und Feta in eine Schüssel geben und mit einer Gabel zerdrücken. Kerbel, Pfeffer und Chili dazugeben und nochmals mit einer Gabel zerdrücken, bis es eine homogene Masse ist.

Filet: 100g Kerbel, 300g Schweinefilet, 300g Hähnchenfilet, 600g Karotten, 400g Kohlrabi, 200g Zuckerschoten, 3 Esslöffel Sonnenblumenöl, 100g Butter, Salz, Pfeffer, Bunte Pfefferkörner

Fleisch mit Salz und Pfeffer würzen und in Öl anbraten. Kohlrabi schälen und in Streifen schneiden. Karotten schälen. Zuckerschoten waschen. Kohlrabi, Karotten und Zuckerschoten für ca. 10 Minuten in Salzwasser kochen. Kerbel waschen, trocknen und fein hacken. Die Hälfte vom Kerbel in Butter kurz mit den Pfefferkörnern anbraten. Filet in Streifen schneiden, mit dem Gemüse anrichten und den restlichen Kerbel drüberstreuen. Mit der Kerbelbutter übergießen.

Wirkung/Inhaltsstoffe: Omega 12 Fettsäuren, Vitamin C, Eisen, Kalzium, Eiweiß, Flavonoide, Bitterstoffe, ätherische Öle, entzündungshemmend, Schleim lösend, Harn treibend, verdauungsfördernd, durchblutungsfördernd, uvm.

Koriander

Dip: 20g Koriander frisch, 1 Avocado, 1 Limette, 1 Knoblauchzehe, Salz, Pfeffer, 1 Teelöffel Öl

Koriander waschen, trocknen und fein hacken. Limette auspressen. Avocado halbieren, Kern entfernen und das Fruchtfleisch mit einem Löffel rausholen. Knoblauch schälen und durch eine Presse drücken, zur Avocado geben und mit einer Gabel zerdrücken. Koriander und Öl dazugeben und nochmal mit einer Gabel zerdrücken und mit Salz und Pfeffer abschmecken.

Hähnchen: 250g Hähnchenbrustfilet, 5 Karotten, 40g Koriander, 100ml Gemüsebrühe, Öl

Fleisch in dünne Streifen schneiden, Karotten schälen und in dünne Ringe schneiden und in etwas Öl anbraten. Koriander waschen, trocknen, fein hacken und mit der Gemüsebrühe ablöschen. Alles 10 Minuten mit Deckel köcheln lassen.

Tacos Füllung: 40g Koriander, 400g Rinderfilet, 1 rote Zwiebel, 1 Jalapeño, 1 Avocado, 1 Limette, Salz und Pfeffer

Fleisch in mundgerechte Stücke schneiden, mit Salz und Pfeffer würzen und scharf anbraten. Koriander waschen, trocknen und fein hacken. Avocados halbieren und in Scheiben schneiden. Zwiebel und Jalapeño in Ringe schneiden. Limette auspressen. Tacos belegen und mit Limettensaft beträufeln.

Salz: 100g Koriander, 250g Salz

Koriander waschen, trocknen und grob hacken. Mit dem Salz vermischen und trocknen lassen. Wenn es trocken ist, mit einem Mörser zerkleinern und in ein sauberes Glas füllen.

Suppe: 80g Koriander, 40 g Petersilie, 2 Schalotten, 1 Paprika rot, 250g Bauchspeck, 4 Knoblauchzehen, 700ml Gemüsebrühe, 100g Crème fraîche, Öl, Salz und Pfeffer

Kräuter waschen, trocknen und grob hacken. Schalotten und Knoblauch schälen und fein hacken. Paprika waschen, entkernen und in mundgerechte Stücke schneiden. Speck in Streifen schneiden, mit etwas Öl anbraten und auf die Seite legen. Schalotten und Knoblauch kurz anbraten. Kräuter, Paprika und Gemüsebrühe dazugeben und 10 Minuten köcheln lassen. Mit dem Pürierstab pürieren (es dürfen ruhig Stücke drinbleiben). Speck und Crème fraîche dazugeben. Mit Salz und Pfeffer abschmecken.

Brot: 350g Weizenmehl Type 405, 520g Weizenmehl Type 550, 550ml Wasser, 1 Päckchen Hefe, 15g Koriander Samen, 12g Salz

Alle Zutaten in eine Schüssel geben und zu einem glatten Teig verrühren. 1 Stunde gehen lassen. Backofen auf 185 Grad Umluft vorheizen. Teig nochmal durchkneten und 30 Minuten gehen lassen. Brot für 55 Minuten backen.

Wirkung/Inhaltsstoffe: Magenstärkend, Wurmkur, Gliederschmerzen, Menstruationsstörung, Magen-Darm-Beschwerden, Schlaflosigkeit, immunsystemstimulierend, antibakteriell, entwässernd, antibakteriell Flavonoide, Phytosterole, Carotinoide, Cumarine, Phenolsäuren, ätherische Öle uvm.

Löwenzahn

Salat: 100g Löwenzahn, 1 Schalotte, 5 Radieschen, 4 Esslöffel Sonnenblumenkerne, 2 Esslöffel Essig, 2 Esslöffel Öl, 1 Esslöffel Honig, 1 Esslöffel Senf, Salz, Pfeffer

Löwenzahn waschen und in mundgerechte Stücke schneiden. Radieschen waschen und in dünne scheiben schneiden. Schalotte schälen und in feine Würfel schneiden und alles in eine Schüssel geben. Essig, Öl, Senf, Honig in eine kleine Schüssel geben und miteinander verrühren. Dressing über den Salat geben und mit Salz und Pfeffer abschmecken.

Honig: 250g Löwenzahnblüten, 1 Liter Wasser, 1kg Zucker, 1 Zitrone

Löwenzahnblüten in 1 Liter Wasser 30 Minuten köcheln (mit Deckel) und dann 24 Stunden ziehen lassen. Löwenzahn abseihen und ausdrücken. Zitrone auspressen und mit 1kg Zucker in den Topf geben. 30 Minuten ohne Deckel köcheln lassen unter gelegentlichen Rühren und in saubere Gläser füllen. Vor dem Gläser befüllen etwas Honig auf einen Teller geben, um zu schauen, ob es die gewünschte Konsistenz hat.

Pesto: 100g Löwenzahn, 20g Basilikum, 35g Pinienkerne, 35g Parmesan, 75ml Öl, 1 Knoblauchzehe

Löwenzahn und Basilikum waschen und trocknen. Pinienkerne in einer Pfanne ohne Öl anrösten. Knoblauch schälen. Alle Zutaten in einen Messbecher geben und mit einem Stabmixer pürieren. Oben noch eine Schicht Öl draufgeben, nachdem das Pesto in saubere Gläser gefüllt wurde.

Salz: 200g Löwenzahnblüten, 250g Salz

Löwenzahn waschen und trocknen. Löwenzahn und Salz miteinander vermischen und trocknen lassen. Wenn es trocken ist, mit dem Mörser zerkleinern und in Gläser füllen.

Eintopf: 250g Löwenzahn, 1kg Kartoffeln, 250g Speck, 4 Schalotten, 40g Mehl, 700ml Gemüsebrühe, 1 Esslöffel Essig, 1 Esslöffel Butter, 100ml Sahne, Salz, Pfeffer, Muskat

Kartoffeln schälen, in mundgerechte Stücke schneiden und in Salzwasser kochen. Löwenzahn waschen und trocknen. Schalotten schälen und in feine Würfel schneiden. Speck mit Butter anbraten, die Zwiebeln mit dazugeben und kurz mit anbraten. Mehl dazugeben und kurz mit anbraten. Mit Gemüsebrühe ablöschen und 10 Minuten köcheln lassen. Kartoffeln und Sahne dazugeben, mit Essig, Salz, Pfeffer und Muskat abschmecken und 5 Minuten ziehen lassen. Löwenzahn dazugeben und nochmal kurz köcheln lassen. Wer will, kann es auch pürieren.

Wirkung/Inhaltsstoffe: Krämpfe, Harnwegsinfekte, Nierenbeschwerden, Menstruationsbeschwerden, Ekzeme, Pickel, Rheuma**,** Bitterstoffe, Cumarine, Fucocumarine, Phenolcarbonsäuren, ätherische Öle (Alkylphtalide; Ligustolid), Falcarinol, Harze, Hydroxydimethylfuran uvm.

Liebstöckel

Öl: 150g Liebstöckel, 1 Liter Sonnenblumenöl

Liebstöckel waschen und trocknen. Liebstöckel grob hacken, in Flaschen füllen und mit Öl übergießen. Nach 1 Woche das Öl durch ein feines Sieb abseihen und in saubere Flaschen füllen.

Salz: 200g Liebstöckel, 250g Salz

Liebstöckel waschen und trocknen. Liebstöckel und Salz miteinander vermischen und trocknen lassen. Wenn es trocken ist, mit dem Mörser zerkleinern und in Gläser füllen.

Pesto: 70g Liebstöckel, 30g Petersilie, 200g Kürbiskerne, 200g Walnüsse, 300g Parmesan, 250ml Kürbiskernöl, 400ml Sonnenblumenöl, 3 Teelöffel Knoblauchpulver, Salz

Liebstöckel und Petersilie waschen und trocknen. Nüsse und Kerne in einer Pfanne ohne Öl anrösten. Alle Zutaten in einen Messbecher geben und mit dem Stabmixer pürieren und etwas Salz dazugeben. Oben noch eine Schicht Öl draufgeben, nachdem das Pesto in saubere Gläser gefüllt wurde.

Suppe: 100g Liebstöckel, 500g Kartoffeln, 150g Sellerie, 25g Schnittlauch, 750 Gemüsebrühe, 100g Ziegenfrischkäse, 4 Schalotten, 2 Esslöffel Butter, Salz, Pfeffer

Liebstöckel und Schnittlauch waschen, trocknen und fein hacken. Kartoffeln, Sellerie und Schalotten schälen und in Würfel schneiden. Schalotten, Kartoffeln und Sellerie in Butter leicht anbraten. Mit Brühe ablöschen und 20 Minuten mit Deckel köcheln lassen. Suppe pürieren und dann Liebstöckel, Schnittlauch und Frischkäse dazugeben und nochmal 10 Minuten köcheln lassen. Mit Salz und Pfeffer abschmecken.

Grüne Soße: 4 Esslöffel Liebstöckel und Borretschblätter, 5 Esslöffel Dill und Pimpinelle, 3 Esslöffel Sauerampfer und Estragon, 8 Esslöffel Petersilie und Kerbel, 4 Eier, 1 Esslöffel Essig, 125ml Öl, Salz, Zucker

Alle Kräuter waschen, trocknen und fein hacken. Eier hart kochen und Eigelb und Eiweiß trennen. Eigelb durch ein feines Sieb drücken und mit Essig und Öl verrühren. Eiweiß fein hacken und mit den Kräutern unterheben. Mit Salz und Zucker abschmecken. Passt sehr gut zu Kartoffeln, Fleisch oder Fisch.

Tee: 1 Esslöffel Liebstöckelsamen, 250ml Wasser

Liebstöckelsamen in einen Teebeutel geben und mit 250ml kochendem Wasser übergießen und 15 Minuten ziehen lassen.

Wirkung/Inhaltsstoffe: Magen Darm Probleme, Appetitlosigkeit, Verstopfung, entzündungshemmend, krampflösend, Hautprobleme, Ekzeme, Bitterstoffe, Cumarine, Fucocumarine, Phenolcarbonsäuren, Hydroxydimethylfuran, ätherische Öle, Falcarinol, Harze, uvm.

Lavendel

Sirup: 200g Lavendel, 1 Liter Wasser, 1 kg Zucker, 1 Zitrone

Lavendel waschen. Zitrone waschen und in dünne Scheiben schneiden. Zitrone und Lavendel in ein einen Topf geben und in 1 Liter Wasser 30 Minuten simmern lassen mit Deckel. 24 Stunden ziehen lassen und dann alles abseihen. Mit 1 kg Zucker aufkochen und heiß in saubere Flaschen füllen.

Salz: 100g Lavendel, 250g Salz

Lavendel waschen und trocknen. Lavendel und Salz miteinander vermischen und trocknen lassen. Wenn es trocken ist mit dem Mörser zerkleinern und in Gläser füllen.

Öl: 150g Lavendel, 1 Liter Sonnenblumenöl

Lavendel waschen und trocknen. Lavendel grob hacken, in Flaschen füllen und mit Öl übergießen. Nach 1 Woche das Öl durch ein feines Sieb abseihen und in saubere Flaschen füllen.

Quark: 2 Handvoll Lavendelblüten, 250g Quark, etwas Salz und Muskat

Lavendel waschen, trocknen und fein hacken. Mit dem Quark vermischen und mit Salz und Muskat abschmecken.

Butter: 1 Esslöffel Knoblauchpulver, 50g Lavendel, 250g Butter, etwas Salz und Pfeffer

Lavendel waschen, trocknen und fein hacken. Alle Zutaten miteinander vermengen. Mit Salz und Muskat abschmecken.

Limonade: 50g Lavendel, 1 Zitronen, 1 Orange, etwas Sirup, 1 Liter Wasser

Lavendel waschen, Zitrone und Orange waschen und in Scheiben schneiden, mit 1 Liter kochendem Wasser übergießen und zugedeckt abkühlen lassen. Alles durch ein feines Sieb abseihen, mit etwas Sirup süßen und kalt genießen. Wer mag, kann noch etwas Sprudel dazugeben.

Wirkung/Inhaltsstoffe: Schlaflosigkeit, Nervenschwäche, Migräne, Depression, Unruhe, Stress, Zahnfleischentzündung, Ätherische Öle (u.a. Linalool, Campher, Myrcen, Eucalyptol, Terpinol, Borneol, Ocimen, Caryophyllen), Cumarine, Phytosterole, Gerbstoffe, Kaffeesäure, Gentisinsäure uvm.

Majoran

Bratkartoffeln: 750g Kartoffeln, 1 Handvoll Majoran, 2 Esslöffel Kümmel, 3 Esslöffel Petersilie, 100g Speck, 3 Zwiebeln, 2 Knoblauchzehen, Butter zum Braten

Kartoffeln schälen, in 1 cm dicke Scheiben schneiden und 10 Minuten in Salzwasser kochen. Kräuter waschen, trocknen und fein hacken. Zwiebeln halbieren und in Streifen schneiden, Knoblauch fein würfeln. Kartoffeln in Butter anbraten bis sie eine schöne Farbe haben, dann Zwiebeln mit dazugeben und glasig anbraten. Speck dazugeben und mit anbraten. Kümmel, Kräuter und Knoblauch dazugeben und nochmal kurz mit anbraten.

Suppe: 25g Majoran, 0,5 Sellerieknolle, 250g Erbsen (trocken), 200g Speck, 100g Kasseler, 1 Stange Lauch, 5 Schalotten, 3 Esslöffel Essig, 4 Lorbeerblätter, Öl, Salz, Pfeffer

Majoran waschen und fein hacken. Fleisch in kleine Würfel oder Streifen schneiden. Schalotten und Sellerie fein würfeln. Lauch halbieren, in Ringe schneiden und gut waschen. Fleisch und Speck in Öl scharf anbraten. Schalotten, Lauch, Sellerie und Lorbeerblätter kurz mit andünsten. Mit 1,5 Liter Wasser ablöschen und die Erbsen dazugeben und für 1,5 Stunden köcheln lassen und gelegentlich umrühren. Majoran, Essig, Salz und Pfeffer dazugeben und nochmal 30-45 Minuten köcheln lassen.

Marinade: 25g Majoran, 10g Basilikum, 10g Rosmarin, 10g Thymian, 50ml Wasser, 200ml Öl, 1 Zitrone, 1 Knoblauchzehe, 1 Zwiebel, Salz und Pfeffer

Alle Kräuter waschen, trocknen und grob hacken. Zitrone auspressen, Knoblauch und Zwiebel grob hacken. Alles in einen Messbecher geben und mit dem Stabmixer pürieren. Mit Salz und Pfeffer abschmecken.

Gulasch: 50g Majoran, 1,25l Rinderbrühe, 600g Rindfleisch, 600g Zwiebeln, 250g Kartoffeln, 6 Knoblauchzehen, 2 Esslöffel Paprika rosenscharf, 2 Esslöffel Paprika edelsüß, 2 Esslöffel Tomatenmark, 1 Esslöffel Kümmel, 2 Esslöffel Essig, Salz, Pfeffer, Öl

Majoran waschen und fein hacken. Fleisch in 2cm große Würfel schneiden. Zwiebeln schälen, halbieren und grob würfeln. Knoblauch durch eine Presse drücken. Zwiebeln in Öl glasig/braun anbraten. Tomatenmark, Paprika, Kümmel und Knoblauch dazugeben, kurz mit anbraten und mit Essig ablöschen. Fleisch dazugeben, mit Brühe ablöschen und 1,5 Stunden kochen lassen mit Deckel. Majoran dazugeben, mit Salz und Pfeffer abschmecken und nochmal 30 Minuten köcheln lassen.

Camembert: 5 Majoranstiele, 600g Camembert, 2 Scheiben Brot, 1 Zwiebel rot, 1 Esslöffel Kapern, 2 Esslöffel Apfelessig, 1 Teelöffel Senf Dijon, 7 Esslöffel Öl, 1 Teelöffel Zucker

Majoran waschen, trocknen und fein hacken. Kapern abtropfen lassen. Essig, Senf, Zucker und 4 Esslöffel Öl zusammen verrühren. Kräuter und Kapern unterheben und mit Salz und Pfeffer abschmecken. Brot in kleine Würfel schneiden und in Öl anbraten. Zwiebel schälen und in Ringe schneiden. Käse in Scheiben schneiden und auf einen Teller legen. Dressing, Zwiebel und Brot drüber geben.

Wirkung/Inhaltsstoffe: Magenbeschwerden, Darmbeschwerden, Reizmagen, Reizdarm, nervöse Unruhe, Sabinen, Ascorbinsäure, Bitterstoffe, Flavonoide, Phenele, Arbutin, Hydrochinon, Cineol, Terpineol, Terpine uvm.

Mädesüß

Panna Cotta: 10g Mädesüß, 600ml Sahne, 4 Blatt Gelatine, 50g Zucker, 1 Schuss Orangensaft

Mädesüß waschen, trocknen und fein hacken. Sahne, Zucker und Mädesüß in einen Topf geben und unter ständigem Rühren aufkochen lassen. 30 Minuten ziehen lassen und dann das Mädesüß abseihen und ausdrücken. Gelatine in Wasser einweichen lassen. Sahne unter Rühren erhitzen und die Gelatine dazugeben. Orangensaft dazugeben und kräftig verrühren. In kleine Schalen füllen und über Nacht abkühlen lassen im Kühlschrank.

Sirup: 200g Mädesüß, 1 Liter Wasser, 1 kg Zucker, 1 Zitrone, 1 Orange

Mädesüß waschen und grob hacken. Zitrone und Orange waschen und in dünne Scheiben schneiden. Zitrone, Orange und Mädesüß in ein einen Topf geben und in 1 Liter Wasser 30 Minuten simmern lassen (mit Deckel). 24 Stunden ziehen lassen und dann alles abseihen und ausdrücken. Mit 1 kg Zucker aufkochen und heiß in saubere Flaschen füllen.

Gewürzsalz: 35g Mädesüß Blüten, 250g Grobes Steinsalz, 1 Teelöffel Chili, 1 Teelöffel Langpfeffer, 1 Teelöffel Senfkörner, 5 Wacholderbeeren, 4 Pimentkörner, 0,5 Stange Zimt, 2 Lorbeerblätter getrocknet

Mädesüß waschen, trocknen und grob hacken. Mit dem Salz vermischen und trocknen lassen. Wenn das Salz trocken ist, alle anderen Gewürze dazugeben und mit einem Mörser zerkleinern.

Likör: 6 Mädesüß Dolden, 200g Rohrzucker, 500ml Wasser, 500ml Wodka

Mädesüß waschen und in 500ml Wasser 30 Minuten simmern lassen (mit Deckel). Dolden rausnehmen und in saubere Flaschen stecken und zur Hälfte mit Wodka auffüllen. Jetzt den Zucker aufkochen, bis er komplett aufgelöst ist und abkühlen lassen. Mit dem abgekühlten Zuckerwasser die Flaschen voll machen. Wer mag, kann nach einigen Wochen die Dolden entfernen und alles durch ein feines Sieb abseihen.

Wirkung/Inhaltsstoffe: schmerzstillend, Sodbrennen, unreine Haut, Arthritis, Krämpfe, Erkältung, entzündungshemmend, antimikrobiell, antioxidativ, ätherisches Öl, Flavonoide, Kieselsäure, Vanillin, Zitronensäure uvm.

Marokkanische Minze

Sirup: 150g Minze, 1 Liter Wasser, 1kg Zucker

Minze waschen, grob hacken und für 30 Minuten in 1 Liter Wasser köcheln lassen. 24 Stunden ziehen lassen, dann abseihen und die Minze ausdrücken. Mit 1kg Zucker kurz aufkochen lassen und heiß in saubere Flaschen füllen.

Eistee: 5 Stiele Minze, 1 Liter Wasser, 50g Zucker, 1 Limette, 1 Zitrone

Zitrone und Limette auspressen. Wasser und Zucker aufkochen. Minze, Limettensaft und Zitronensaft ins nicht mehr kochende Wasser geben und abkühlen lassen. Wer mag, kann etwas Sprudel und Eiswürfel dazugeben.

Zucker: 100g Minze, 250g Zucker

Minze waschen, trocknen und fein hacken. Minze 24 Stunden trocknen lassen und dann mit dem Zucker vermischen. Zuckergemisch bei 50 Grad im Backofen bei leicht geöffneter Tür trocknen lassen und gelegentlich umrühren. Nach dem Trocknen in saubere Gläser füllen.

Likör: 25g Minze, 300g Holunderbeeren, 170g Zucker, 1 Flasche Wodka

Alles in ein großes Schraubglas füllen und 3-6 Monate ziehen lassen und gelegentlich mal schütteln. Abseihen und in saubere Flaschen füllen.

Wirkung/Inhaltsstoffe: Verdauungsunterstützung, Atemwege öffnen, Stressabbau, Antioxidativ, Geschmacksverbesserung, Flavonoide, Gerbstoffe, ätherische Öle uvm.

Oregano

Nudeln: 10-15g Oregano, 250g Nudeln, 4 Bockwürste, 4 Knoblauchzehen, 2 Zwiebeln, 1 Tüte geriebener Käse nach Wahl, Öl, etwas Tabasco, Salz, Pfeffer, Cayennepfeffer

Nudeln in Salzwasser kochen. Knoblauch und Zwiebel in feine Würfel schneiden, Bockwurst in Scheiben. Oregano waschen, trocknen und fein hacken. Wurst und Zwiebel in etwas Öl anbraten und dann Nudeln und Knoblauch dazugeben. Käse, Oregano dazugeben und mit Tabasco, Salz und Pfeffer abschmecken. Käse bei kleiner Hitze zerlaufen lassen.

Öl: 5 Stiele Oregano mit Blättern, 0,5 Liter Öl

Oregano waschen, trocknen und in eine saubere Flasche stecken. Mit Öl komplett übergießen und 4 Wochen dunkel lagern (gelegentlich schütteln). Öl abseihen und wieder in eine saubere Flasche füllen.

Fleischküchle: 2 Esslöffel Oregano, 500g Hackfleisch, 1 Ei, 1 Esslöffel Semmelbrösel, Salz, Pfeffer, Zimt, Öl

Oregano waschen, trocknen und fein hacken. Alle Zutaten miteinander vermengen. Mit Salz, Pfeffer und Zimt abschmecken und 30 Minuten ziehen lassen. Kleine Fleischküchle formen und in Öl braten.

Karotten: 3 Esslöffel Oregano, 500g Karotten, 4 Knoblauchzehen, 2 Zwiebeln, Salz, Pfeffer, Paprika, Öl

Oregano waschen, trocken und fein hacken. Zwiebeln halbieren und in Streifen schneiden, Knoblauch in Ringe schneiden. Karotten das Ende abschneiden, in ca. 5 cm lange Stücke schneiden. Der Länge nach halbieren und dann vierteln. Karotten und Zwiebeln anbraten bis die Zwiebeln schön glasig sind. Oregano und Knoblauch kurz mit anbraten. Mit Salz, Pfeffer, Paprika abschmecken.

Rinderfilet: 20g Oregano, 250g Rinderfilet, 15g Butter, Backpapier, Salz, Pfeffer, Öl

Oregano waschen, trocknen und grob hacken. Backofen auf 250 Grad vorheizen. Filet in etwas Öl von jeder Seite 2 Minuten anbraten und auf das Backpapier legen und die Seiten hochschlagen. Unten etwas Oregano verteilen, Filet drauflegen und den restlichen Oregano mit der Butter oben verteilen. 5 Minuten im Backofen backen, mit Salz und Pfeffer würzen.

Salat: 3 Esslöffel Oregano, 2 Esslöffel Basilikum, 2 Zucchini, 3 Knoblauchzehen, 2 Schalotten, 100ml Öl, 5 Esslöffel Balsamicoessig weiß, Salz, Pfeffer, 1 Prise Zucker

Kräuter waschen, trocknen und fein hacken. Schalotten halbieren und in Streifen schneiden, Knoblauch fein würfeln. Zucchini der Länge nach halbieren und in 1 cm dicke Scheiben schneiden. Zucchini in Öl anbraten, dann die Schalotten dazugeben. Alle Zutaten in eine Schüssel geben und mit Salz und Pfeffer abschmecken.

Butter: 3 Esslöffel Oregano, 250g Butter, 1 Knoblauchzehe, Salz, Pfeffer

Oregano waschen, trocknen und fein hacken. Knoblauch Pressen. Alle Zutaten mit einer Gabel miteinander vermischen. Etwas Salz und Pfeffer dazugeben

Wirkung/Inhaltsstoffe: Magen- und Darmbeschwerden, Candida, chronische Bronchitis, unreine Haut, Zahnschmerzen, Zahnfleischentzündung, Flavonoide, Phenolsäure, Saponine, Gerbstoffe, ätherische Öle uvm.

Petersilie

Butter: 6 Esslöffel Petersilie, 250g Butter, 1 Knoblauchzehen, Salz, Pfeffer

Petersilie waschen, trocknen und fein hacken. Knoblauch pressen. Alle Zutaten mit einer Gabel miteinander vermischen. Etwas Salz und Pfeffer dazugeben.

Quark: 5 Esslöffel Petersilie, 3 Esslöffel Schnittlauch, 250g Quark, 1 Schalotte, Salz, Pfeffer, Muskat

Kräuter waschen, trocknen und fein hacken. Schalotte schälen und fein würfeln. Alle Zutaten miteinander vermischen und mit Salz, Pfeffer und Muskat abschmecken.

Marinade: 40g Petersilie, 2 Knoblauchzehen, 1 Esslöffel Senf, 1 Zitrone, 150ml Öl, etwas Chili, 1 Esslöffel Honig

Petersilie waschen, trocknen und grob hacken. Zitronenschale abreiben und Knoblauch grob hacken. Alle Zutaten in einen Messbecher geben und mit dem Stabmixer pürieren.

Pesto: 100g Petersilie, 25g Pinienkerne, 1 Knoblauchzehe, 50g Parmesan, 50-100ml Öl

Petersilie waschen, trocknen und grob hacken. Pinienkerne ohne Öl anbraten. Knoblauch schälen und grob hacken. Alle Zutaten in einen Messbecher geben und mit dem Stabmixer pürieren. Öl nach Bedarf dazugeben. In saubere Gläser füllen und nochmal etwas Öl obendrauf geben.

Dip: 40g Petersilie, 2 Esslöffel Dill 250g Quark, 10ml Ahornsirup, 1 Limette, 2 Knoblauchzehen, Salz, Pfeffer

Kräuter waschen, trocknen und grob hacken. Knoblauch schälen und grob hacken. Limette auspressen. Alle Zutaten in einen Messbecher geben und mit dem Stabmixer pürieren bis es eine glatte Masse ist. Wem es zu fest ist, der kann noch etwas Wasser dazugeben.

Salat: 40g Petersilie, 2 Zwiebeln rot, 600g Tomaten, 6 Esslöffel Öl, 4 Esslöffel Balsamicoessig dunkel, Salz, Pfeffer, Koriander, 1 Prise Zucker

Petersilie waschen und fein hacken. Zwiebeln halbieren und in Streifen schneiden. Tomaten in Würfel und Streifen schneiden. Alle Zutaten miteinander vermischen. Salat mit Salz, Pfeffer und Koriander abschmecken.

Salz: 150g Petersilie, 250g Salz

Petersilie waschen und trocknen. Petersilie und Salz miteinander vermischen und trocknen lassen. Wenn es trocken ist mit dem Mörser zerkleinern und in Gläser füllen.

Wirkung/Inhaltsstoffe: Hautprobleme, Rheuma, Müdigkeit und Erschöpfung, Blähungen, harntreibend, entwässernd, blutreinigend, antimikrobiell, Kumarin, Flavonoide, Bergapten, Isoimperatorin, Petrolinsäure, Terpene, Vitamin A und C, Eisen ätherische Öle uvm.

Pimpinelle

Soße: 40g Pimpinelle, 20g Schnittlauch, 20g Petersilie, 20g Basilikum, 400ml Sahne, 3 Esslöffel Mayonnaise, 1 Zwiebel, Salz, Pfeffer, Muskat, Öl

Kräuter waschen, trocknen und fein hacken oder pürieren. Zwiebel schälen, fein würfeln und in etwas Öl glasig anbraten. Kräuter, Sahne und Mayonnaise dazugeben und kurz aufkochen lassen. Mit Salz, Pfeffer und Muskat abschmecken.

Pesto: 50g Pimpinelle, 20g Sauerampfer, 10g Kerbel, 10g Petersilie, 10g Kresse, 25g Mandeln, 1 Limette, Öl, Salz, Pfeffer

Kräuter waschen, trocknen und grob hacken. Limette auspressen. Kräuter und Mandeln in einen Messbecher geben und mit Öl pürieren. Mit Salz und Pfeffer abschmecken. In Gläser füllen und mit Öl bedecken.

Salz: 150g Pimpinelle, 250g Salz

Pimpinelle waschen und trocknen. Pimpinelle und Salz miteinander vermischen und trocknen lassen. Wenn es trocken ist, mit dem Mörser zerkleinern und in Gläser füllen.

Sirup: 150g Pimpinelle, 1 Liter Wasser, 1kg Zucker

Pimpinelle in 1 Liter Wasser 30 Minuten köcheln lassen (mit Deckel). 24 Stunden ziehen lassen, danach abseihen und ausdrücken. Mit 1kg Zucker aufkochen und heiß in saubere Flaschen füllen.

Wirkung/Inhaltsstoffe: blutreinigend, Husten, Asthma, Sodbrennen, Durchfall, Blähungen, Halsschmerzen, Grippe, Harze, ätherische Öle, Gerbstoffe, Bitterstoffe, Flavonoide uvm.

Rotklee

Sirup: 150g Rotkleeblüten, 1 Liter Wasser, 1kg Zucker

Rotklee in 1 Liter Wasser 30 Minuten köcheln lassen mit Deckel. 24 Stunden ziehen lassen, abseihen und ausdrücken. Mit 1kg Zucker aufkochen und heiß in saubere Flaschen füllen.

Marmelade: 150g Rotkleeblüten, 1 Liter Wasser, Gelierzucker 3:1

Rotklee in 1 Liter Wasser 15 Minuten köcheln mit Deckel und 24 Stunden ziehen lassen. Die Hälfte vom Rotklee rausnehmen und ausdrücken. Mit Gelierzucker aufkochen. Mit einem Löffel etwas auf einen Teller geben und schauen, ob die Konsistenz ok ist und bei Bedarf nochmal etwas Gelierzucker dazu tun.

Limonade: 50g Rotkleeblüten, 1 Zitrone, 1 Limette, 0,5 Liter Wasser, Zucker

Zitrone und Limette in Scheiben schneiden oder auspressen. Rotklee, Zitrone und Limette mit kochendem Wasser übergießen und 15 Minuten abgedeckt ziehen lassen. Alles durch abseihen und ausdrücken. Mit Sprudel auffüllen und etwas Zucker hinzugeben. Kalt genießen.

Knäckebrot: 20g Rotkleeblüten, 100g Buchweizenmehl, 150ml Sprudel, 50g gemischte kerne (Sonnenblumenkerne, Kürbis, Sesam), 20ml Öl, 1 Teelöffel Backpulver, 1 Teelöffel Salz

Rotklee waschen, trocknen und die Hälfte klein hacken. Backofen auf 160 Grad Ober-/ Unterhitze vorheizen. Mehl, Salz, Wasser, Backpulver und Öl zu einem glatten Teig verrühren. Hälfte der Kerne und Rotklee unterheben. Teig auf einem Backblech gleichmäßig verteilen, die restlichen Körner und Blüten darauf verteilen und für 5 Minuten backen. Rausnehmen und in Rechtecke schneiden ca. 16 Stück und dann nochmal für 25 Minuten knusprig backen.

Tee: 1 Esslöffel Rotklee, 250ml Wasser

Blüten mit 250ml heißem Wasser übergießen und abgedeckt 10 Minuten ziehen lassen.

Pfannenkuchen: 30g getrocknete Rotkleeblüten, 300g Mehl, 200ml Milch, 150ml Sprudel, 3 Eier, Butter, 5g Salz, 15g Zucker

Blüten klein mahlen. Alle Zutaten außer Butter in eine Schüssel geben und verrühren. Etwas Butter in einer Pfanne heiß werden lassen und die Pfannenkuchen einzeln braten.

Wirkung/Inhaltsstoffe: Wundbehandlung, Menopause, Menstruationsbeschwerden, Leberbeschwerden, Rheuma, Gicht, entzündungshemmend, blutreinigend, Cholesterin, Magnesium, Calcium, Kalium, Niacin (Vitamin B3), Thiamin (Vitamin B1) und Vitamin C, Chlorogensäure, Rosmarinsäure, Flavonoide, Gerbstoffe, Phenolsäure

Rosmarin

Öl: 8 Zweige Rosmarin, 1 Liter Öl

Rosmarin waschen und trocknen. Rosmarin auf 2 saubere Flaschen verteilen und die Flaschen mit Öl befüllen. Nach 6 Wochen das Öl abseihen und in saubere Flaschen füllen.

Ofenkartoffel: 6 Zweige Rosmarin, 1kg Kartoffeln, Rosmarinöl, Salz

Backofen auf 180 Grad Umluft vorheizen. 3 Rosmarinzweige abstreifen und fein hacken. Kartoffeln waschen und vierteln. Mit Öl, Rosmarin und Salz bestreuen. Kartoffeln auf einem Backblech verteilen, die anderen Rosmarinzweige mit drauflegen und für ca. 40 Minuten backen.

Crumbel: 1 Zweig Rosmarin, 500g Erdbeeren, 1kg Äpfel, 210g Mehl, 110g Zucker braun, 8 Esslöffel Ahornsirup, 1 Teelöffel Vanilleextrakt, 1 Päckchen Backpulver, 100g Mandeln gehackt, 125g Butter, Zimt

Äpfel schälen, entkernen und in 2 cm große Stücke schneiden. Äpfel mit 10g Zucker und 20ml Wasser in einen Topf geben und 5 Minuten köcheln lassen. Ofen auf 180 Grad Umluft vorheizen. Erdbeeren waschen, grün entfernen und halbieren. 10g Mehl mit 6 Esslöffel verrühren. ¾ der Erdbeeren, Mehl Sirup Mix, Vanilleextrakt und etwas Zimt unter die Äpfel rühren. Mischung auf einem Backblech oder Auflaufform verteilen. Rosmarin waschen, trocknen, abstreifen und fein hacken. Mehl, Backpulver, Mandeln, Butter, 2 Esslöffel Ahornsirup und Rosmarin vermischen und verkneten. Wenn es klumpt, über der Apfel-Erdbeer-Mischung verteilen und für 40 Minuten backen. Jetzt die restlichen Erdbeeren darauf verteilen.

Marmelade: 2 Zweige Rosmarin, 700g Pfirsich, 2 Teelöffel Agar-Agar, 300ml Orangensaft, 2 Esslöffel Honig

Rosmarin waschen, trocknen, abstreifen und fein hacken. Pfirsich kreuzweise einritzen und 3 Minuten blanchieren. Kalt abschrecken und die Haut abziehen. 500g Pfirsich ohne Kerne abwiegen. Alle Zutaten in einen Topf geben und 5 Minuten köcheln lassen unter Rühren. Heiß in saubere Gläser füllen.

Wirkung/Inhaltsstoffe: Durchblutungsstörungen, Depressionen, Reizdarm, Kreislaufstärkung, Hautbeschwerden, steigert die Gedächtnisleistung, verdauungsanregend, Erschöpfungszustände, antibakteriell, antidepresiv, krebshemmend, cholesterinsenkend, antioxidativ, ätherische Öle, Tocopherol, Saponine, Bitterstoffe, Flavonoide, Gerbstoffe, Monoterpene, Tannine, Rosmarinsäure, Carnosolsäure, Chlorogensäure, Rosmarinol, Hesperidin, Eucalyptol, uvm.

Salbei

Soße: 30g Salbei, 300ml Brühe nach Wahl, 1 Zwiebel, 30g Butter, 20g Mehl, 1 Esslöffel Essig, Salz, Pfeffer, 1 Prise Zucker

Salbei waschen, trocknen und ganz fein hacken. Zwiebel schälen und ganz fein würfeln. Zwiebel in Butter glasig anbraten und ganz kurz die Salbeiblätter. Jetzt das Mehl dazugeben und eine Mehlschwitze machen und mit Brühe ablöschen. Kurz aufkochen lassen unter rühren. Essig dazugeben und mit Salz und Pfeffer abschmecken.

Pesto: 25g Salbei, 15g Basilikum, 5g Minze, 25g Pinienkerne, 20g Parmesan, 1 Knoblauchzehe, Öl, Salz, Pfeffer

Kräuter waschen, trocknen und grob hacken. Pinienkerne anrösten ohne Öl. Knoblauch schälen. Alle Zutaten in einen Messbecher geben und mit dem Stabmixer pürieren und Öl nach Bedarf dazugeben.

Sirup: 80g Salbei, 1 Liter Wasser, 1kg Zucker

Salbei grob hacken und in 1 Liter Wasser 30 Minuten simmern lassen (mit Deckel). 24 Stunden ziehen lassen, danach abseihen und ausdrücken. Mit einem Kilo Zucker aufkochen und in saubere Flaschen füllen.

Gnocchi: 20 Salbeiblätter, 500g Gnocchi, 75g Butter, Parmesan

Gnocchi in Salzwasser kochen nach Packungsangabe. Salbei in Butter knusprig anbraten und dann bei Seite legen. Gnocchi in der Butter kurz mit anbraten. Gnocchi auf den Teller und mit Salbeiblätter und Parmesan anrichten.

Suppe: 25g Salbei, 25g Petersilie, 25g Schnittlauch, 25g Liebstöckel, 1 Liter Wasser, 30g Butter, 40g Mehl, Zitronen Pfeffer, Salz, 100 g Crème fraîche

Kräuter waschen, trocknen und fein hacken. Butter erhitzen, Mehl dazugeben und eine Mehlschwitze machen und mit Wasser ablöschen. Kräuter dazugeben und 20 Minuten köcheln lassen mit Deckel und gelegentlich rühren. Crème fraîche unterrühren und mit Salz und Pfeffer abschmecken.

Salz: 100g Salbei, 300g Salz

Salbei waschen, trocknen und grob hacken. Salbei und Salz mischen und trocknen lassen. Wenn es trocken ist, mit einem Mörser zerkleinern und in saubere Gläser füllen.

Wirkung/Inhaltsstoffe: grippale Infekte, Rachenentzündung, Schwitzen (Hyperhidrose), Zahnfleischerkrankungen, Pickel, fördert die Verdauung, treibt die Galle, wirkt antiseptisch, entzündungshemmend, schleimlösend, betäubt Schmerzen, Mundgeruch, Nicotinsäure, Flavonoide, Rosmarinsäure, Fumarsäure, Oleinsäure, Gerbstoffe, ätherische Öle, Harze, Borneol, Thujon, Bornylester, Linalool uvm.

Schafgarbe

Sirup: 200g Schafgarbe, 1 Liter Wasser, 1kg Zucker

Schafgarbe waschen, grob hacken und in 1 Liter Wasser 30 Minuten simmern lassen. 24 Stunden ziehen lassen, dann abseihen und ausdrücken. Mit 1kg Zucker aufkochen und heiß in Flaschen füllen.

Rührei: 50g Schafgarbe, 10g Schnittlauch, 4 Eier, 25ml Milch, 1 Schalotte, 15g Butter, Salz, Pfeffer, Paprika

Kräuter waschen, trocken und fein hacken. Kräuter und Eier in eine Schüssel geben und verrühren. Mit etwas Salz, Pfeffer und Paprika würzen. Schalotte fein würfeln und in Butter glasig anbraten. Eier dazugeben und fertig braten.

Dip: 1 Handvoll Schafgarbe, 200g Schafskäse, Olivenöl, Pfeffer

Schafgarbe waschen, trocknen und ganz fein hacken. Schafskäse mit einer Gabel zerdrücken. Schafgarbe und etwas Öl dazugeben dazu geben und mit der Gabel zerdrücken bis es eine homogene Masse ist. Alternativ geht auch Quark.

Öl: 5 Stiele Schafgarbe, 2 Knoblauchzehen, 1 Liter Öl

Schafgarbe waschen, trocknen und grob hacken. Knoblauch schälen und vierteln. Knoblauch und Schafgarbe auf saubere Flaschen verteilen und komplett mit Öl übergießen. Öl 4-8 Wochen ziehen lassen und gelegentlich schütteln. Öl abseihen und in saubere Flaschen füllen.

Salz: 200g Schafgarbe, 300g Salz

Schafgarbe waschen, trocknen und grob hacken. Schafgarbe und Salz mischen und trocknen lassen. Wenn es trocken ist, mit einem Mörser zerkleinern und in saubere Gläser füllen.

Ausbackteig: 3 Handvoll Schafgarbenblätter/Blüten, 3 Esslöffel Dinkelmehl Type 1050, 0,5 Teelöffel Salz, 1 Prise Zucker, 100ml Milch, 1 Ei, 3 Esslöffel Parmesan, Öl

Mehl, Zucker, Salz, Milch und Ei verrühren und 20 Minuten gehen lassen. Schafgarbe waschen und trocknen. Kleiner Topf oder Pfanne mit ordentlich Öl füllen. Schafgarbe in den Teig tunken und in dem heißen Öl goldbraun braten.

Limonade: 1 Handvoll Schafgarbeblüten, 1 Orange, 1 Limette, 1 Liter Wasser, 50ml Sirup

Schafgarbe waschen. Orange und Limette in Scheiben schneiden. Wasser kurz aufkochen und vom Herd nehmen. Alle Zutaten dazugeben, durchrühren und über Nacht ziehen lassen. Wer mag, kann noch etwas Sprudel mit reingeben.

Wirkung/Inhaltsstoffe: Wundheilung, Magen- und Darmerkrankungen, Rheuma, Menopause, Bluthochdruck, beruhigend, leichte Zahnschmerzen, Kopfschmerzen, Flavonoide, Proazulen, Achillein, Kampfer, Kaffeesäurederivate, Gerbstoffe, Phenolcarbonsäure, ätherische Öle, Bitterstoffe uvm.

Spitzwegerich

Pesto: 100g Spitzwegerich, 30g Pinienkerne, 25g Parmesan, 1 Knoblauchzehe, Öl, Chiliflocken

Spitzwegerich waschen, trocknen und grob hacken. Knoblauch schälen und grob hacken. Pinienkerne ohne Öl anbraten. Alles in einen Messbecher geben und pürieren und Öl nach Wahl dazugeben. Mit etwas Chili abschmecken.

Sirup: 250g Spitzwegerich, 1 Liter Wasser, 1kg Zucker

Spitzwegerich waschen und grob hacken. Spitzwegerich in 1 Liter Wasser 30 Minuten simmern lassen. 24 Stunden ziehen lassen, abseihen und ausdrücken. Mit 1kg Zucker aufkochen und heiß in Flaschen füllen.

Honig: 50g Sitzwegerich, 500g Honig flüssig, 1 Zitrone

Spitzwegerich waschen, trocknen und grob hacken. Spitzwegerich und Honig in ein Glas geben, verschließen und 4-8 Wochen ziehen lassen. Honig abseihen, Zitrone auspressen und mit dem Honig vermischen.

Wirkung/Inhaltsstoffe: Erkältung, Husten, Halsschmerzen, Candida, Wundheilung, Lungenentzündung, Rachenentzündung, Fieber, schützt Schleimhäute, Kieselsäure, Phenylethanoide, Gerbstoffe, Schleimstoffe, Glykoside, Flavonoide, Senföle, Zink, Kalium, Catalpol uvm.

Schnittlauch

Soße: 40g Schnittlauch, 1 Schalotte, 1 Becher Sauerrahm, 1 Becher Joghurt, Salz, Pfeffer, Muskat

Schnittlauch waschen, trocknen und in Röllchen schneiden. Schalotte schälen und fein würfeln. Alle Zutaten miteinander verrühren. Mit Salz, Pfeffer und Muskat abschmecken.

Eier: 50g Schnittlauch, 15g Petersilie, 10g Liebstöckel, 10g Kerbel, 5g Rosmarin, 5g Majoran, 10 Eier, 2 Becher Schmand, 2 Becher saure Sahne, 1Becher Buttermilch, 1 Becher Joghurt, Salz, Pfeffer, Senf, Öl, Essig

Eier hart kochen und halbieren. Kräuter waschen trocknen und fein hacken. Sahne, Schmand, Joghurt, 1 Teelöffel Senf und Kräuter miteinander vermischen und gut durchrühren. Mit Salz, Pfeffer, etwas Essig und Öl abschmecken. Eier unterrühren und für 1 Stunde im Kühlschrank ziehen lassen.

Pesto: 100g Schnittlauch, 30g Walnüsse, 25g Parmesan, Öl

Schnittlauch waschen, trocknen und grob hacken. Walnüsse grob hacken. Alle Zutaten in einen Messbecher geben, etwas Öl dazugeben und pürieren. Öl nach Belieben dazugeben. In Gläser füllen und mit Öl bedecken.

Suppe: 100g Schnittlauch, 1 Liter Brühe, 2 Eier, 30g Butter, 30g Mehl

Schnittlauch waschen und in Röllchen schneiden. 1 Liter Brühe aufkochen und die Eier unterrühren. In einem anderen Topf eine Mehlschwitze machen, also Butter erhitzen und das Mehl einrühren. Jetzt die Brühe mit den Eiern unter ständigem Rühren zur Mehlschwitze geben. Schnittlauch dazugeben und 10 Minuten köcheln lassen.

Rührei: 10g Schnittlauch, 3 Eier, 1 Teelöffel Butter, Salz, Pfeffer, Paprika

Schnittlauch waschen, trocknen und in Röllchen schneiden. Eier in eine Schüssel geben. Mit etwas Salz, Pfeffer und Paprika würzen und verrühren. Butter in der Pfanne erhitzen und Eier dazugeben. Kurz bevor die Eier fertig sind, den Schnittlauch dazugeben.

Spaghetti: 40g Schnittlauch, 3-4 Frühlingszwiebeln, 200ml Sahne, 250g Spaghetti, 50-100g Butter, Salz, Pfeffer, Muskat

Spaghetti nach Packungsanleitung kochen. Schnittlauch und Zwiebeln waschen, trocknen und in Ringe schneiden. Schnittlauch und Zwiebeln in ordentlich Butter andünsten und mit Sahne ablöschen. Mit Salz, Pfeffer und Muskat abschmecken.

Tomatensalat: 40g Schnittlauch, 600g Tomaten, 1 Zwiebel, 1 Zitrone, 2 Esslöffel Milch, Öl, Salz, Pfeffer

Schnittlauch waschen und in Röllchen schneiden. Tomaten waschen, halbieren und in Streifen schneiden. Zitrone auspressen. Alle Zutaten in eine Schüssel geben. Mit Milch, Öl, Salz und Pfeffer abschmecken.

Wirkung/Inhaltsstoffe: Appetitlosigkeit, Völlegefühl, Blasenschwäche, Hämorrhoiden, Husten, Blutdruck und Blutzucker senkend, Gicht, Magen/Darmleiden, Vitamin K, ätherische Öle, Cystein-Verbindungen, Vitamine (A, B6, C, K), Magnesium, Flavonoide, Gerbstoffe, Saponine

Thymian

Pesto: 70g Thymian, 30g Petersilie, 50g Parmesan, 30g Mandeln, 50-100ml Öl

Kräuter waschen, trocknen und grob hacken. Mandeln grob hacken, Parmesan reiben. Alle Zutaten in einen Messbecher geben und pürieren. Pesto in saubere Gläser füllen.

Tee: 1 Teelöffel Thymian getrocknet, 250ml Wasser

Thymian in einen Teebeutel und mit heißem Wasser übergießen. 10 Minuten abgedeckt ziehen lassen.

Suppe: 25g Thymian, 15g Schnittlauch, 4 Frühlingszwiebeln, 4 Kohlrabi, 500ml Rinderbrühe, 200ml Sahne, 50g Butter, Salz, Pfeffer, Muskat

Kräuter waschen, trocknen und fein hacken. Zwiebeln in Ringe schneiden, Kohlrabi in Streifen. Kohlrabi in Butter andünsten. Brühe, Kräuter und Frühlingszwiebeln dazugeben und 15 Minuten köcheln lassen (mit Deckel). Sahne dazugeben und pürieren. Mit Salz, Pfeffer und Muskat abschmecken.

Hähnchenfilet: 15g Thymian, 10g Petersilie, 150g Hähnchenfilet, 50g Reis, 200ml Sahne, 150g Lauch,100ml Wasser, etwas Mehl, 1 Zitrone, Öl, Salz, Pfeffer, Paprika

Kräuter waschen, trocknen und fein hacken. Zitrone auspressen. Lauch in Ringe schneiden und waschen. Reis in Salzwasser ca. 20 Minuten kochen. Filet mit Salz, Pfeffer und etwas Paprika würzen, in Öl anbraten und beiseite stellen. Lauch im Bratenfett andünsten und mit 100ml Wasser ablöschen. Kräuter und Sahne dazugeben und 2-5 Minuten köcheln lassen. Soße mit etwas Mehl andicken. Zitronensaft dazugeben und mit Salz und Pfeffer abschmecken. Fleisch nochmal kurz in der Soße erwärmen.

Marmelade: 40g Thymian, 1500g Pfirsich entkernt, 2 Limetten, 3:1 Gelierzucker

Thymian waschen, trocknen und fein hacken. Limetten waschen, die Schale abreiben und auspressen. Pfirsich waschen und fein hacken. Pfirsich, Thymian und Limetten in einen Topf geben und langsam aufkochen lassen unter gelegentlichem rühren. Wer will, kann es etwas pürieren und dann den Gelierzucker dazugeben. 2-5 Minuten köcheln lassen und heiß in saubere Gläser füllen.

Wirkung/Inhaltsstoffe: Husten, Atemwegs Erkrankung, Heiserkeit, Krampfhusten, Reizhusten, Mandelentzündung, Bronchitis, Mundgeruch, Schlafprobleme, Kater vom Saufen, ätherische Öle (Thymol), Flavonoide, Saponine, Salicylate, Cumarin, Gerbstoffe, Zink uvm.

Waldmeister

Bowle: 30g Waldmeister, 1 Liter Sekt, 2 Liter Weißwein, 50g Himbeeren, 50g Erdbeeren

Waldmeister waschen, trocknen und zusammenbinden, sodass alle Schnittflächen auf einer Seite sind. Waldmeister 1 Stunde in den Wein hängen sodass die Schnittflächen nicht den Wein berühren. Sekt, Himbeeren und Erdbeeren kurz vor dem Anrichten dazugeben. Kalt genießen.

Sirup: 50g Waldmeister, 1 Liter Wasser, 1kg Zucker, 2 Limetten

Waldmeister waschen und grob hacken. Limetten waschen und in Scheiben schneiden. Waldmeister und Limetten in 1 Liter Wasser 30 Minuten simmern lassen (mit Deckel). 2-5 Tage ziehen lassen (kühl lagern). Abseihen und ausdrücken. Mit 1kg Zucker aufkochen und heiß in Flaschen füllen.

Gelee: 50g Waldmeisterblätter, 1,5 Liter Wasser, 1kg Gelierzucker 1:1, 2 Limetten

Waldmeister waschen. Limetten waschen und in Scheiben schneiden. Waldmeister und Limetten in 1,5 Liter Wasser 30 Minuten simmern lassen (mit Deckel). 2-5 Tage ziehen lassen (kühl lagern). Abseihen und ausdrücken. Gelierzucker dazugeben, aufkochen und heiß in Gläser füllen.

Wirkung/Inhaltsstoffe: Unruhe, Stress, Migräne, Frühjahrsmüdigkeit, Leberbeschwerden, Magenkrämpfe, entzündungshemmend, blutreinigend, durchblutungsfördend, Furunkel, Hautverletzungen, Asperulosid, Gerbstoffe, Bitterstoffe, Cumarin, Cumaringlykosid, ätherische Öle (Isothymol, Linalool), uvm.

Wilde Möhre

Sirup: 150g Wilde Möhre, 1 Liter Wasser, 1kg Zucker, 2 Limetten

Wilde Möhre waschen und grob hacken. Limetten waschen und in Scheiben schneiden. Wilde Möhre und Limetten in 1 Liter Wasser 30 Minuten simmern lassen (mit Deckel). 24 Stunden ziehen lassen. Abseihen und ausdrücken. Mit 1kg Zucker aufkochen und heiß in Flaschen füllen.

Suppe: 50-100g Wilde Möhre Blüten, 700g Karotten, 4 Zwiebeln, 25g Ingwer, 1 Teelöffel Curry, 20g Butter, 200ml Kokosmilch, 600ml Gemüsebrühe, Salz, Pfeffer, 1 Prise Zucker, 1 Kohlrabi

Wilde Möhre waschen, trocknen und fein hacken. Karotten, Ingwer und Zwiebeln schälen, Karotten in Scheiben, Ingwer und Zwiebel in Würfel schneiden. Karotten, Ingwer und Zwiebeln in Butter 2-5 Minuten andünsten. Currypulver dazugeben und kurz mit andünsten. Mit Brühe und Kokosmilch ablöschen und 15 Minuten köcheln lassen mit Deckel. Kohlrabi schälen und würfeln. Suppe pürieren. Wilde Möhre und Kohlrabi dazugeben und 5 Minuten köcheln lassen. Mit Salz, Pfeffer und 1 Prise Zucker abschmecken.

Wirkung/Inhaltsstoffe: blutreinigend, Ekzeme, Hautjucken, Kolik, Durchfall, leichte Nierenbeschwerden, Carotatoxin, Vitamin (A, B1, B2, C), Flavonoide, ätherische Öle, uvm.

Zitronenmelisse

Sirup: 150g Zitronenmelisse, 1 Liter Wasser, 1kg Zucker, 2 Zitronen

Zitronenmelisse waschen und grob hacken. Zitronen waschen und in Scheiben schneiden. Zitronenmelisse und Zitronen in 1 Liter Wasser 30 Minuten simmern lassen (mit Deckel). 24 Stunden ziehen lassen. Abseihen und ausdrücken. Mit 1kg Zucker aufkochen und heiß in Flaschen füllen.

Pesto: 200g Zitronenmelisse Blätter, 25g Pinienkerne, 50-100ml Öl, 1 Zitrone, 30g Parmesan, Salz, Zucker

Zitronenmelisse waschen, trocknen und Blätter abzupfen. Zitrone auspressen. Pinienkerne ohne Öl anbraten. Alle Zutaten in einen Messbecher geben und mit dem Stabmixer pürieren. Mit etwas Salz und Zucker abschmecken.

Likör: 100g Zitronenmelisse, 25g Minze, 1 Flasche Korn, 100g Zucker

Kräuter waschen, trocknen und grob hacken. Alle Zutaten in eine Flasche geben und für 5-10 Tage ziehen lassen. Täglich schütteln. Abseihen und in saubere Flaschen füllen.

Butter: 20 Blatt Zitronenmelisse, 250g Butter, 3 Teelöffel Haselnüsse gehackt, 1,5 Teelöffel Pfeffer Bunt gemahlen, 1 Zitrone, 1 Teelöffel Sirup

Haselnüsse ohne Öl anbraten. Zitrone auspressen. Zitronenmelisse waschen, trocknen und fein hacken. Alle Zutaten in eine Schüssel geben und mit einer Gabel zerdrücken.

Ofenkartoffel: 1 Handvoll Zitronenmelisse, 1 Handvoll Salbei, 8-10 Kartoffeln, Olivenöl

Kräuter waschen und trocknen. Backofen auf 200 Grad vorheizen. Kartoffeln mit einer Gabel einstechen. Kartoffeln mit Öl einreiben. Kartoffeln und ein paar Kräuter zusammen in Alufolie einwickeln und für 45-60 Minuten backen.

Gelee: 100g Zitronenmelisse, 1 Zitrone, 500ml Apfelsaft, 300ml Wasser, Gelierzucker 2:1

Zitronenmelisse waschen und grob hacken. Zitronenmelisse in 300ml Wasser 30 Minuten simmern lassen mit Deckel. 24 Stunden ziehen lassen. Abseihen und ausdrücken. Zitrone auspressen. Alle Zutaten in einen Topf geben und aufkochen lassen. Mit einem Löffel etwas abschöpfen und schauen, ob die Konsistenz ok ist. Heiß in Gläser abfüllen.

Tee: 1 Esslöffel getrocknete Zitronenmelisse, 250ml Wasser, etwas Sirup

Zitronenmelisse mit 250ml heißem Wasser übergießen und 10 Minuten abgedeckt ziehen lassen.

Wirkung/Inhaltsstoffe: Schlafstörungen, nervöse Unruhe, Krämpfe, Magen- und Darmbeschwerden, Übelkeit, entspannend, stärkt die Neven, antibakteriell, Vitamin C, Schleimstoffe, Saponine, Harze, Bitterstoffe, Kaffeesäure, ätherische Öle (Linalool, Thymol), Eugenolglykosid uvm.

Schlusswort

Ich hoffe, es hat euch gefallen, mein kleines, aber feines Buch zu studieren und ihr habt jetzt erst richtig Lust bekommen, euch mit den heimischen Pflanzen zu befassen. Man muss nicht vegan leben, um gelegentlich mal mit Kräutern zu kochen. Ich habe für mich einen guten Mittelweg gefunden, mich gesund zu ernähren und auf nichts zu verzichten.

Falls euch dieses Buch gefallen hat und ihr noch etwas mehr über mich erfahren wollt, kann ich euch mein anderes Kochbuch mit dem Titel ***Kinderleicht Backen Kochen Einkochen*** empfehlen, das in Kürze erscheinen wird. Oder ihr lest meine Biografie **Durchgehend Durch,** die vorraussichtlich am 01.11.2024 erscheinen wird. Dort erzähle ich euch einige lustige, aufregende und zum Teil unglaubliche Geschichten über mein wildes Leben.

Folgend möchte ich euch meine Quellen vorstellen, wo ich mich über Pflanzen und ihre heilenden Wirkungen schlau mache und Pflanzen bestimme.

4000 Jahre Naturheilkunde

Essbare Wildpflanzen

Wildkräuter und Wildfrüchte

Timo G. Veganunterhaltsam Youtube

Wolf Dieter Storl alle Bücher und Youtube

Brunnmatthof Heilpflanzenschule Youtube

www.Heilpraxisnet.de

www.Heilkraeuter.de

www.Gesundheitswissen.de

www.Heilpflanzenwelt.com

www.Naturheilkräuter.org

www.Zentrum-der-Gesundheit.de

www.AOK.de

www.Pflanzenfreunde.com

Auf diesen Seiten könnt ihr erfahren, welches Kraut für was gut ist und ihr werdet staunen, wie einfach ein gesundes Leben sein kann, ohne den ganzen Tag Kräuter essen zu müssen. Eine kleine Menge reicht schon aus, da Wildkräuter meiner Meinung nach mehr wichtige Inhaltsstoffe haben als Obst oder Salat aus dem Supermarkt, das mit Dünger und Pestiziden bearbeitet wurde. Die meisten Obst- und Gemüsesorten werden leider schon geerntet, bevor sie überhaupt richtig reif sind. Das kann einem nicht passieren, wenn man seine Salatbar vor der Tür nutzt.